English G 21

A2
Vokabeltaschenbuch

Das **Vocabulary** (Vokabelverzeichnis) enthält alle Wörter und Wendungen, die du lernen musst. Sie stehen in der Reihenfolge, in der sie in den Units vorkommen.

So ist das Vocabulary aufgebaut:

- Hier siehst du, wo die Wörter vorkommen.
  p. 31/A 11 = Seite 31, Abschnitt 11
  p. 35/P 11 = Seite 35, Übung 11

- Die Lautschrift zeigt dir, wie ein Wort ausgesprochen und betont wird.
  (→ Englische Laute: S. 4)

- Eingerückte Wörter lernst du am besten zusammen mit dem vorausgehenden Wort, weil die beiden zusammengehören.

- Diese Kästen solltest du dir besonders gut ansehen.

p. 31/A 11	(to) **agree (with** sb.**)** [əˈgriː]	(jm.) zustimmen; (mit jm.) übereinstimmen	Anan **agre**
p. 35/P 11	**point** [pɔɪnt]	Punkt	Three
	fast [fɑːst]	schnell	**slow**
	slow [sləʊ]	langsam	

(to) go ...

Last week we were in London. We **went by car**. ... Wir **sind mit**

Let's **go for a walk** in the mountains. Lass uns ei

Can we **go on a trip** to Cornwall next week? Kö

Tipps zum Wörterlernen findest du auf den Seiten 70–71.

Abkürzungen

n	= noun	v	= verb	
adj	= adjective	adv	= adverb	
prep	= preposition	conj	= conjunction	
pl	= plural	no pl	= no plural	
p.	= page	pp.	= pages	
sb.	= somebody	sth.	= something	
jn.	= jemanden	jm.	= jemandem	

Symbole

◄► ist das „Gegenteil"-Zeichen: **slow** ◄► **fast**
(**slow** ist das Gegenteil von **fast**)

! Hier stehen Hinweise auf Besonderheiten, bei denen man leicht Fehler machen kann.

English sounds (Englische Laute)

Die Lautschrift in den eckigen Klammern zeigt dir, wie ein Wort ausgesprochen und betont wird.
In der folgenden Übersicht findest du alle Lautzeichen.

Vokale (Selbstlaute)

[iː]	green	[ɔː]	morning	[aɪ]	time
[i]	happy	[uː]	blue	[ɔɪ]	boy
[ɪ]	in	[ʊ]	book	[əʊ]	old
[e]	yes	[ʌ]	mum	[aʊ]	now
[æ]	black	[ɜː]	T-shirt	[ɪə]	here
[ɑː]	park	[ə]	a partner	[eə]	where
[ɒ]	song	[eɪ]	skate	[ʊə]	tour

Konsonanten (Mitlaute)

[b]	box	[ŋ]	sing	[z]	please
[p]	play	[l]	hello	[ʃ]	shop
[d]	dad	[r]	red	[ʒ]	television
[t]	ten	[w]	we	[tʃ]	teacher
[g]	good	[j]	you	[dʒ]	Germany
[k]	cat	[f]	full	[θ]	thanks
[m]	mum	[v]	very	[ð]	this
[n]	no	[s]	sister	[h]	he

Tipp

Am besten kannst du dir die Aussprache der einzelnen Lautzeichen einprägen, wenn du dir zu jedem Zeichen ein einfaches Wort merkst – das [iː] ist der **green**-Laut, das [eɪ] ist der **skate**-Laut usw.

Betonung

['] und [ˌ] sind **Betonungszeichen**.
Sie stehen immer <u>vor</u> der betonten Silbe.

['] zeigt die Hauptbetonung,
[ˌ] zeigt die Nebenbetonung.

Beispiel: **mobile phone** [ˌməʊbaɪl 'fəʊn]
Hauptbetonung auf **phone**,
Nebenbetonung auf der ersten Silbe: <u>mobile</u>

Der „Bindebogen"

Der **Bindebogen** [‿] zeigt an, dass zwei Wörter beim Sprechen aneinandergebunden und wie ein Wort gesprochen werden.

Beispiele: **What colour is ...?** [ˌwɒt 'kʌlər‿ɪz]
Mum and Dad [ˌmʌm‿ən 'dæd]
This is ... ['ðɪs‿ɪz]

Welcome back – After the holidays

Remember?

The weather[1]

the sun	a cloud	rain	wind	a storm[2]	snow
It's hot and sunny.	It's cloudy.	It's rainy.	It's windy.	It's stormy.	snow on a mountain
heiß und sonnig	bewölkt	regnerisch	windig	stürmisch	Schnee auf einem Berg

It's raining. | It's very cold. | It's warm. | It's too hot.

[1] weather ['weðə] *Wetter* • [2] storm *Sturm; Gewitter*

by the sea [baɪ]	am Meer	
caravan ['kærəvæn]	Wohnwagen	

a **caravan by the sea**
French: la caravane

Irregular simple past forms

(to) buy	**bought** [bɔːt]	kaufen *bought*	(to) read [riːd]	**read** [red]	lesen *read*
(to) drink	**drank** [dræŋk]	trinken *drunk*	(to) ride	**rode** [rəʊd]	reiten; *(Rad)* fahren *ridden*
(to) eat	**ate** [et, eɪt]	essen *eaten*	(to) swim	**swam** [swæm]	schwimmen *swum*
(to) meet	**met** [met]	(sich) treffen *met*	(to) throw	**threw** [θruː]	werfen *thrown*

on the beach [biːtʃ]	am Strand	
(to) **be on holiday /** (to) **go on holiday**	in Urlaub sein / in Urlaub fahren	John isn't at home. Maybe he**'s on holiday.** We **went on holiday** to Italy this summer.
anyway ['eniweɪ]	trotzdem	It was cold, but we went swimming **anyway.**
pool [puːl]**, swimming pool** ['swɪmɪŋ puːl]	Schwimmbad, Schwimmbecken	
(to) **text** sb. [tekst]	jm. eine SMS schicken	Have a good trip. **Text** me when you get there.
text message ['tekst ˌmesɪdʒ]	SMS	
view [vjuː]	Aussicht, Blick	This postcard shows the **view** from our hotel. *French:* la vue

	plane [pleɪn]	Flugzeug	❗ **im** Flugzeug = **on** the plane
	as [əz, æz]	als, während	I ate my sandwiches **as** I waited for the bus.
	(to) **fly** [flaɪ], *simple past:* **flew** [fluː]	fliegen	
	round [raʊnd]	um ... (herum); in ... umher	**round** the car Walk **round** the classroom and talk to different partners.
	island [ˈaɪlənd]	Insel	
	(to) **shine** [ʃaɪn], *simple past:* **shone** [ʃɒn]	scheinen *(Sonne)*	Most people are happy when the sun **shines**.
p.7	**villa** [ˈvɪlə]	Ferienhaus; Villa	*Latin:* villa
	our **own** pool [əʊn]	unser eigenes Schwimmbecken	❗ I've got **my own** room. (*Never:* an own room)
	sky [skaɪ]	Himmel	❗ It was a sunny day. There wasn't a cloud **in the sky**. (= am Himmel)
	(to) **travel** [ˈtrævl] **(-ll-)**[1]	reisen	Last year we **travelled** to Turkey in the holidays.
	(to) **go by car/bike/...**	mit dem Auto/Rad/... fahren	

[1] Die Angabe **(-ll-)** zeigt, dass der Endkonsonant bei der Bildung von *-ing*-Form und *-ed*-Form verdoppelt wird: **travel** — **trave_ll_ing / trave_ll_ed**.

Welcome back – After the holidays

(to) go ... (*simple past:* went)

Last week we were in London. We **went by car**.	... Wir **sind mit dem Auto gefahren**.
Let's **go for a walk** in the mountains.	Lass uns **einen Spaziergang** in den Bergen **machen**.
Can we **go on a trip** to Cornwall next week?	Können wir ... **einen Ausflug** nach Cornwall **machen**?
We **went on holiday** to Italy this summer.	Wir sind diesen Sommer nach Italien **in Urlaub gefahren**.

What was the weather like?	Wie war das Wetter?	
(to) **stay** [steɪ]	bleiben; wohnen, übernachten	It rained all day so I **stayed** at home. In the holidays we **stayed** at a hotel in Cornwall.
p.8 **foggy** ['fɒgi]	neblig	
fog [fɒg]	Nebel	noun: **fog** – adjective: **foggy**
degree [dɪ'griː]	Grad	It's 14 **degrees** (14°) and very cloudy in England. *French:* le degré
country ['kʌntri]	Land *(auch als Gegensatz zur Stadt)*	Germany is a big **country**. ❗ The Millers live **in the country**. (= auf dem Land)
p.9 (to) **go abroad** [ə'brɔːd]	ins Ausland gehen/fahren	
through [θruː]	durch	He's climbing **through** the window.
nobody ['nəʊbədi]	niemand	
(to) **grumble** ['grʌmbl]	murren, nörgeln	'You never help me,' he **grumbled**.

(to) **speak (to)** [spiːk], *simple past:* **spoke** [spəʊk]	sprechen (mit), reden (mit)	I **speak** German and English.
(to) **go surfing** [ˈsɜːfɪŋ]	wellenreiten gehen, surfen gehen	(to) **go surfing** — surfboard
roof [ˈruːf]	Dach	
lake [leɪk]	(Binnen-)See	mountains — the sea — an island — a lake

! the **lake** = <u>der</u> See • the **sea** = <u>die</u> See, das Meer

Unit 1: Back to school

p.11	**cafeteria** [ˌkæfəˈtɪəriə]	Cafeteria, Selbstbedienungs-restaurant	
	(to) **describe** sth. **(to** sb.**)** [dɪˈskraɪb]	(jm.) etwas beschreiben	! **Describe** the picture **to** your partner. = **Beschreibe** das Bild **deinem Partner**. *Latin:* describere; *French:* décrire
	description [dɪˈskrɪpʃn]	Beschreibung	*French:* la description

background ['bækɡraʊnd]	Hintergrund		In this picture, Dan and Jo are in the **foreground**. In the **background** you can see a lake.
foreground ['fɔːɡraʊnd]	Vordergrund		

at the bottom (of) ['bɒtəm]	unten, am unteren Ende (von)	Now do the exercise **at the bottom of** the page. ↓ **at the bottom (of)** ◄► **at the top (of)** ↑
between [bɪ'twiːn]	zwischen	Sweden is **between** Norway and Finland.
p.12/A1 **sights** *(pl)* [saɪts]	Sehenswürdigkeiten	
about [ə'baʊt]	ungefähr	There were **about** 300 people in the park. **!** **about** = **1.** über – a book **about** pets **2.** ungefähr – **about** 300 people
flight [flaɪt]	Flug	verb: (to) **fly** – noun: **flight**
time(s) [taɪm(z)]	Mal(e); -mal	We went surfing four **times** last week.
a bit [ə 'bɪt]	ein bisschen, etwas	The tea was **a bit** hot, so I added some milk.

Irregular simple past forms

(to) find	**found** [faʊnd]	finden		(to) hear	**heard** [hɜːd]	hören
(to) get on/off	**got on/off**	ein-, aussteigen		(to) teach	**taught** [tɔːt]	unterrichten, lehren
(to) give	**gave** [ɡeɪv]	geben		(to) wear	**wore** [wɔː]	tragen *(Kleidung)*

the underground ['ʌndəgraʊnd]	die U-Bahn	*American English:* **the subway** ['sʌbweɪ]
dangerous ['deɪndʒərəs]	gefährlich	*French:* dangereux, dangereuse
fast [fɑːst]	schnell	
slow [sləʊ]	langsam	fast ◄► slow
What was **the best thing about ...?**	Was war das Beste an ...?	**The best thing about** the film was the music.
building ['bɪldɪŋ]	Gebäude	**buildings**
lift [lɪft]	Fahrstuhl, Aufzug	*American English:* **elevator** ['elɪveɪtə]
amazing [ə'meɪzɪŋ]	erstaunlich, unglaublich	
for miles [maɪlz]	meilenweit	You can see **for miles** from this tower.
mile [maɪl]	Meile *(= ca. 1,6 km)*	

p.13/A 2	**at the back (of** the room**)** [bæk]	hinten, im hinteren Teil (des Zimmers)	
	Mind your own business. [ˌmaɪnd jər_ˌəʊn ˈbɪznəs]	Das geht dich nichts an! / Kümmere dich um deine eigenen Angelegenheiten!	How much was that mobile phone? – **Mind your own business.**
	not (...) either [ˈaɪðə, ˈiːðə]	auch nicht	I'm not going to Steve's party. – I'm **not** going **either**. John doesn't like zoos, and Jenny does**n't either**.
	after [ˈɑːftə]	nachdem	❗ **after** = **1.** *(prep)* nach – **after** school **2.** *(conj)* nachdem – **after** I came home
	before [bɪˈfɔː]	bevor	❗ **before** = **1.** *(prep)* vor – **before** lunch **2.** *(conj)* bevor – **before** we eat
	rude [ruːd]	unhöflich, unverschämt	It's **rude** to speak with your mouth full.
p.14/A 4	**jacket** [ˈdʒækɪt]	Jacke, Jackett	❗ Betonung auf der 1. Silbe: **jacket** [ˈdʒækɪt]
	(to) **borrow** sth. [ˈbɒrəʊ]	sich etwas (aus)leihen, etwas entleihen	❗ • You **borrow** something from somebody (= you **take** it): Can I **borrow** your CD player?
	(to) **lend** sb. sth. [lend], *simple past:* **lent** [lent]	jm. etwas leihen	• You **lend** somebody something (= you **give** it): OK, I can **lend** you my CD player. But be careful with it.
	Do you really think so?	Meinst du wirklich? / Glaubst du das wirklich?	Shopping is great fun. – **Do you really think so?** I think it's boring.

	No way! [ˌnəʊ 'weɪ]	Auf keinen Fall! / Kommt nicht in Frage!	Mum, can you give me £ 80 for a new sweatshirt? – £ 80? **No way!** You can have £ 30.
	chance [tʃɑːns]	Chance	
	(to) **be in trouble** ['trʌbl]	in Schwierigkeiten sein; Ärger kriegen	My friends helped me when I **was in trouble**. Jo **is in trouble**. He hasn't got his homework.
	hero ['hɪərəʊ], *pl* **heroes** ['hɪərəʊz]	Held, Heldin	*Latin:* heros; *French:* le héros, la héroïne
	(to) **calm down** [ˌkɑːm 'daʊn]	sich beruhigen	Help! There's a mouse in the kitchen. – **Calm down**. It can't hurt you.
	(to) **get angry/hot/...** (-tt-), *simple past:* **got**	wütend/heiß/... werden	It**'s getting hot** in here. Can you open the window, please?
	angry (about sth./**with** sb.) ['æŋgri]	wütend, böse (über etwas/auf jn.)	Let's be friends again. Or are you still **angry with** me?
	nothing ['nʌθɪŋ]	nichts	**nothing** (nichts) **something** (etwas) **everything** (alles)
p.15/A 6	**unhappy** [ʌn'hæpi]	unglücklich	**happy** ◄► **unhappy**
	a few [fjuː]	ein paar, einige	We didn't have much money, just **a few** pounds.
	unfriendly [ʌn'frendli]	unfreundlich	She isn't really rude, but she is a bit **unfriendly**.
	friendly ['frendli]	freundlich	**friendly** ◄► **unfriendly**

Who did she talk to?	Mit wem hat sie geredet?	❗ **who** = **1.** wer: **Who** loves Polly? – Jack. **2.** wen: **Who** <u>does</u> Jack love? – Polly. **3.** wem: **Who** <u>did</u> Polly help? – Jack.
argument ['ɑːɡjumənt]	Streit, Auseinandersetzung	verb: (to) **argue** – noun: **argument** ❗ Betonung auf der 1. Silbe: <u>ar</u>gument ['ɑːɡjumənt]
(to) **explain** sth. **to** sb. [ɪk'spleɪn]	jm. etwas erklären, erläutern	❗ *English:* Can you **explain** that **to me**? *German:* Kannst du **mir** das **erklären**? (*Not:* Can you ~~explain me~~ ...) *Latin:* explanare; *French:* expliquer
explanation [ˌeksplə'neɪʃn]	Erklärung	verb: (to) ex**plain** – noun: expla**na**tion *Latin:* explanatio; *French:* l'explication (f)
a **cup of** tea [kʌp]	eine Tasse Tee	
vowel sound ['vauəl saund]	Vokallaut	**vowel sounds**: [e], [æ], [ɜː], [aɪ], [əʊ], ...
linking word ['lɪŋkɪŋ wɜːd]	Bindewort	
phrase [freɪz]	Ausdruck, (Rede-)Wendung	
Ms Travelot [mɪz, məz]	Frau Travelot	❗ Manche Frauen möchten lieber mit **Ms ...** angesprochen werden, weil am Wort **Ms** nicht zu erkennen ist, ob sie verheiratet sind oder nicht. (**Mrs ...** = verheiratet; **Miss ...** = unverheiratet)
(to) **be on**	eingeschaltet sein, an sein *(Radio, Licht usw.)*	I can't do my homework when the TV **is on**.

p.20/P 12	**Find/Ask somebody who ...**	Finde/Frage jemanden, der ...	I don't know. **Ask somebody who** knows more about Bristol.
p.21/P 14	**word building** [ˈwɜːd ˌbɪldɪŋ]	Wortbildung	
p.21/P 16	**How are you?** [ˌhaʊ_ˈɑːjʊ]	Wie geht es dir/Ihnen/euch?	**How are you**, Mr Kingsley**?** – I'm OK, thank you.

Saved!

p.22	(to) **save** [seɪv]	retten	*Latin:* salvare; *French:* sauver
	(to) **be asleep** [əˈsliːp]	schlafen	❗ Wenn man mit **schlafen** meint, dass jemand **nicht wach** ist, benutzt man (to) **be asleep** (nicht ~~(to) sleep~~): It was 11 o'clock, but he **was** still **asleep**.
	bunk (bed) [bʌŋk]	Etagenbett, Koje	the top **bunk** — **bunk beds**
	he **could** ... [kəd, kʊd]	er konnte ...	My brother **could** ride a bike when he was four.
	(to) **jump** [dʒʌmp]	springen	Can you **jump** over your desk?

Unit 1 15

(to) **get (-tt-),** holen, besorgen
simple past: **got**

(to) get (*simple past:* got)

1. gelangen, (hin)kommen — How can I **get** to the station, please?

2. werden — My mother **got** very angry last night.

3. holen, besorgen — Can you **get** the tickets for the match?

4. bekommen, kriegen — Did you **get** nice birthday presents?

Remember:

(to) **get dressed** sich anziehen

(to) **get on/off** ein-/aussteigen

(to) **get up** aufstehen

(to) **sit up (-tt-),** sich aufsetzen
simple past: **sat up**

(to) **sit up** („sich aufsetzen") ◄►
(to) **sit down** („sich hinsetzen")

out („hinaus, heraus", „draußen")

There's a little cat in the water. We have to pull it **out**. — ... Wir müssen sie **heraus**ziehen.

Dan saw a girl swim **out**. — Dan sah ein Mädchen **hinaus**schwimmen.

Where's Sheeba? – She's **out** there in the garden. — ... Sie ist da **draußen** im Garten.

Come on. [ˌkʌm_ˈɒn] Na los, komm.

tide [taɪd] Gezeiten, Ebbe und Flut

The **tide** is **out**.
(Es ist **Ebbe**.)

The **tide** is **in**.
(Es ist **Flut**.)

skirt [skɜːt]	Rock	
sports gear *(no pl)* ['spɔːts gɪə]	Sportausrüstung, Sportsachen	❗ Where **is** my **sports gear**? *(singular)* = Wo **sind** meine Sportsachen?
a pair (of) [peə]	ein Paar	**a pair of** hockey shoes *French:* la paire
trousers *(pl)* ['traʊzəz]	Hose	❗ • **eine** neue Hose = **a** new **pair of** trousers • **Are** your **trousers** new? – Yes, **they are**. (= **Ist** deine **Hose** neu?)

Plural words: *glasses, jeans, shorts, trousers*

She wears **glasses**.	Sie trägt **eine Brille**.	❗ Wörter wie **glasses, jeans, shorts, trousers** sind Pluralwörter – also nie ~~a glasses,~~ ~~two jeans,~~ ~~this trousers~~!
Why does he need **two pairs of glasses**?	... zwei Brillen?	
Those trousers are great. Can I have **them**?	**Die Hose da ist** toll. Kann ich **sie** haben?	
I need **a new pair of trousers / some new trousers**.	... eine neue Hose.	

p.28/A1 **What's the matter?** ['mætə]	Was ist los? / Was ist denn?	
awful ['ɔːfl]	furchtbar, schrecklich	very bad, terrible
mine [maɪn]	meiner, meine, meins	

Unit 2

(to) **lose** [luːz], *simple past:* **lost** [lɒst]	verlieren	(to) **lose a job** ◄► (to) **find a job** (to) **lose a match** ◄► (to) **win a match**
sad [sæd]	traurig	**sad** 🙁 🙂 **happy**
whose? [huːz]	wessen?	**Whose** CDs are these? Are they yours, Sophie? And **whose** are these? (= Wem gehören diese?)
(to) **disappear** [ˌdɪsəˈpɪə]	verschwinden	*French:* disparaître
just like you	genau wie du	You look **just like** your father.
(to) **be left** [left]	übrig sein	I can't buy the CD. I haven't got any money **left**.
p.28/A 3 **test** [test]	Klassenarbeit, Test, Prüfung	*French:* le test
p.29/A 4 **problem** [ˈprɒbləm]	Problem	❗ Betonung auf der 1. Silbe: **problem** [ˈprɒbləm] *Latin:* problema; *French:* le problème
(to) **look up (from)**	hochsehen, aufschauen (von)	She heard a noise and **looked up from** her book.
What for? [ˌwɒt ˈfɔː]	Wofür?	I need £ 20. – **What for?**
Jack did**n't** say **anything**. [ˈeniθɪŋ]	Jack sagte nichts.	
trainers *(pl)* [ˈtreɪnəz]	Turnschuhe	a pair of **trainers**

my old **ones** [wʌnz]	meine alten	There are three CDs on the table: a new **one** (= a new CD) and two old **ones** (= two old CDs).
small [smɔːl]	klein	What a nice little house! But isn't it too **small** for your family?
(to) **grow** [grəʊ], simple past: **grew** [gruː]	wachsen	Orange trees **grow** only in hot countries.
(to) **look for** [ˈlʊk fɔː]	suchen	I'm **looking for** my keys. Do you know where they are?
(to) **point (at/to** sth.**)** [pɔɪnt]	zeigen, deuten (auf etwas)	He **pointed at/to** the clock. 'We're late,' he said.
advert [ˈædvɜːt]	Anzeige, Inserat; *(im Fernsehen)* Werbespot	

somebody – anybody / something – anything / somewhere – anywhere

Für die Zusammensetzungen mit **some-** und **any-** gelten dieselben Regeln wie für **some** und **any**:

– **somebody, something, somewhere** stehen vor allem in bejahten Aussagesätzen,

– **anybody, anything, anywhere** stehen vor allem in verneinten Aussagesätzen und in Fragen.

+	Listen. There's **somebody** at the door.	... Da ist **jemand** an der Tür.
–	I heard a noise in the garden, but I ca**n't** see **anybody**.	... aber ich kann **niemanden** sehen.
?	Can you see **anybody** in the garden**?**	Kannst du **(irgend)jemanden** im Garten sehen**?**

Unit 2

somebody – anybody / something – anything / somewhere – anywhere

+	Let's go to the shops and get **something** to eat.	... **etwas** zu essen
–	I'm too nervous – I can**'t** eat **anything** at the moment.	... ich kann im Moment **nichts** essen.
?	Do you need **anything** from the shops**?**	Brauchst du **(irgend)etwas** ...?

+	This summer I'd like to go **somewhere** where it's hot.	... **irgendwohin**, wo es warm ist.
–	I don**'t** want to go **anywhere**, I want to stay at home.	Ich möchte **nirgendwohin** fahren ...
?	Did you go **anywhere** last summer**?**	Bist du letzten Sommer **irgendwohin** gefahren?

lots of **letters**   **a** letter

French: la lettre

p.30/A7	**letter (to)** ['letə]	Brief (an)	
	even ['iːvn]	sogar	Everybody tried to help, **even** the children.
	wonderful ['wʌndəfəl]	wunderbar	very nice, fantastic
	(to) visit ['vɪzɪt]	besuchen, aufsuchen	
	I hope so.	Ich hoffe es.	Can you do it without me? – **I hope so.**
	(to) send sb. sth. [send], *simple past:* **sent** [sent]	jm. etwas schicken, senden	My aunt **sends** me £10 every birthday.
	fashion ['fæʃn]	Mode	

	I don't like her very much.	Ich mag sie nicht sehr.	**!** • (to) **like/love** sth. **very much** = etwas sehr mögen/sehr lieben • **Thanks very much.** = Danke sehr! / Vielen Dank!
	wet [wet]	feucht, nass	My hair is **wet** because it is raining.
	whole [həʊl]	ganze(r, s), gesamte(r, s)	We played cards the **whole** day. (= all day) John was in Berlin for the **whole** of 2006.
	rainy season ['reɪni ˌsiːzn]	Regenzeit	
	season ['siːzn]	Jahreszeit	the four **seasons**: spring, summer, autumn, winter *French:* la saison
	everybody ['evrɪbɒdi]	jeder, alle	**nobody** (niemand) **somebody** (jemand) **everybody** (jeder, alle)
p.30/A 8	**(to) repeat** [rɪ'piːt]	wiederholen	What did you say? Please **repeat** it.
	(to) ask sb. **for** sth.	jn. um etwas bitten	She **asked** her mother **for** help. He **asked** his father **for** some money.
p.31/A 9	**(to) compare** [kəm'peə]	vergleichen	**Compare** your notes with a partner. *Latin:* comparare; *French:* comparer
	longer (than) ['lɒŋgə]	länger (als)	Mum's skirts are much **longer than** mine.
	(the) longest ['lɒŋgɪst]	der/die/das längste ...; am längsten	Grandma's skirts are **the longest** in our family. **long – longer – (the) longest**

Unit 2

flower ['flaʊə]	Blume; Blüte	*Latin:* flos; *French:* la fleur
as nice/big/exciting **as**	so schön/groß/aufregend wie	Bristol is not **as big as** New York.
then	damals	
worse (than) [wɜːs]	schlechter, schlimmer (als)	The weather is **worse** today **than** yesterday.

good – better – best • bad – worse – worst

good	gut		**bad**	schlecht, schlimm
better	besser		**worse** [wɜːs]	schlechter, schlimmer
(the) **best**	am besten; der/die/das beste ...		(the) **worst** [wɜːst]	am schlechtesten, schlimmsten; der/die/das schlechteste, schlimmste ...

My computer is **better** than yours, but Mr Scott's computer is **the best**.
Our school uniform is **bad**, but theirs is **worse**.
What do you think: What's **the best** pop group at the moment? What's **the worst**?

not (...) any more	nicht mehr	The Greens do**n't** live here **any more**. They're in London now.
(to) **have** [həv, hæv], *simple past:* **had** [həd, hæd]	haben, besitzen	❗ **haben, besitzen** = **1.** have got; **2.** (to) have (Im *simple present* wird *have got* häufiger verwendet. Das *simple past* von beiden ist *had*.)
selection (of) [sɪ'lekʃn]	Auswahl (an)	That shop has a fantastic **selection** of old comics. *French:* la sélection

	dresses **from the 60s** ['sɪkstiz]	Kleider aus den 60ern / aus den 60er Jahren	
	wild [waɪld]	wild	❗ Pronunciation: **wild** [waɪld]
	cheap [tʃiːp]	billig, preiswert	**cheap ◄► expensive**
	service ['sɜːvɪs]	Dienst (am Kunden), Service	The **service** in this café is very slow. *French:* le service
p.32/A 11	**charity** ['tʃærəti]	Wohlfahrtsorganisation	
	more boring **(than)**	langweiliger (als)	My home town is smaller and **more boring than** Bristol.
	(the) most boring [məʊst]	der/die/das langweiligste ...; am langweiligsten	This village must be **the most boring** place in Britain.
	recycling [ˌriːˈsaɪklɪŋ]	Wiederverwertung, Recycling	
	recycled [ˌriːˈsaɪkld]	wiederverwertet, wiederverwendet, recycelt	
p.37/P 14	**point** [pɔɪnt]	Punkt	Three **points** for the right answer! *French:* le point

Unit 2

The Clothes Project

'No, they aren't!' – 'Yes, they are!' (German „Doch!")

p.40

Im Deutschen sagt man **„Doch!"**, wenn man einer verneinten Aussage widersprechen will.

Im Englischen benutzt man eine **Kurzantwort** mit *Yes*, z.B. *Yes, they are! / Yes, you can! / Yes, I do!*

Clothes are boring! – **No, they aren't!** – **Yes, they are!**	... – **Sind sie nicht!** – **Sind sie doch!**
Lesley **isn't** rude. – **Oh yes, she is!**	Lesley **ist nicht** unhöflich. – **Ist sie doch!**
I **can't** do this exercise! – **Yes, you can!**	... – **Doch, kannst du!**
You **don't** listen to me! – **Yes, I do!**	... – **Doch!**

presenter [prɪˈzentə]	Moderator/in	
over to ...	hinüber zu/nach ...	Dan saw Jo in the park and walked **over to** him.
(to) **fall down** [ˌfɔːl ˈdaʊn], *simple past:* **fell** [fel]	runterfallen; hinfallen	What happened to your leg? – I **fell down**, but it's OK.
Never mind. [ˌnevə ˈmaɪnd]	Kümmer dich nicht drum. / Macht nichts.	I haven't got any money. – **Never mind**, I can lend you some.
lovely [ˈlʌvli]	schön, hübsch, wunderbar	
mirror [ˈmɪrə]	Spiegel	a **mirror**

Don't I have **lovely** blue eyes?

French: le miroir

(to) **put** sth. **on** [ˌpʊt_'ɒn] **(-tt-)**, *simple past:* **put on**	etwas anziehen *(Kleidung)*; etwas aufsetzen *(Hut)*	
(to) **take** sth. **off** [ˌteɪk_'ɒf], *simple past:* **took off**	etwas ausziehen *(Kleidung)*; etwas absetzen *(Hut)*	(to) **take off** a pullover ◄► (to) **put on** a pullover
(to) **stand** [stænd], *simple past:* **stood** [stʊd]	stehen; sich (hin)stellen	Tom **is standing** on a chair. **Stand** on the chair, Tom.
(to) **hurry** ['hʌri]	eilen; sich beeilen	It was cold and windy so we **hurried** to the car. **Hurry (up)**, we haven't got much time.
(to) **land** [lænd]	landen	
p.41 (to) **prepare** [prɪ'peə]	vorbereiten; sich vorbereiten	(to) **prepare** a presentation / a show / a report ❗ sich vorbereiten <u>auf</u> = (to) **prepare** <u>for</u>: I can't help you. I have to **prepare for** a test. *Latin:* praeparare; *French:* préparer
puzzled ['pʌzld]	verwirrt	
outfit ['aʊtfɪt]	Outfit *(Kleidung; Ausrüstung)*	
point of view [ˌpɔɪnt_əv 'vjuː]	Standpunkt	❗ from my **point of view** = von meinem Standpunkt aus gesehen; aus meiner Sicht

Unit 2

Unit 3: Animals in the city

p.44	**fox** [fɒks]	Fuchs	a **fox**
	series, *pl* **series** ['sɪəriːz]	(Sende-)Reihe, Serie	It's my favourite **series**. I watch it every week.
	(to) **survive** [sə'vaɪv]	überleben	*Latin:* supervivere; *French:* survivre
	survival [sə'vaɪvl]	Überleben	verb: (to) **survive** – noun: **survival**
	fine [faɪn]	gut, ausgezeichnet; in Ordnung	If you want **fine** food, try our supermarket. Is my essay OK? – Yes, it's **fine**.
	sort (of) [sɔːt]	Art, Sorte	What **sort of** music do you like?
	documentary [ˌdɒkjuˈmentri]	Dokumentarfilm	! Betonung auf der 3. Silbe: **documentary** [ˌdɒkjuˈmentri]
	comedy ['kɒmədi]	Comedyshow, Komödie	*French:* la comédie
	chat show ['tʃæt ʃəʊ]	Talkshow	
p.45	**woodpecker** ['wʊdpekə]	Specht	
	grey [greɪ]	grau	
	squirrel ['skwɪrəl]	Eichhörnchen	
	frog [frɒg]	Frosch	
	deer, *pl* **deer** [dɪə]	Reh, Hirsch	
	hedgehog ['hedʒhɒg]	Igel	
	mole [məʊl]	Maulwurf	

p.46/A 1	**dustbin** ['dʌstbɪn], **bin** [bɪn]	Mülltonne	a **dustbin** — **rubbish**
	rubbish ['rʌbɪʃ]	(Haus-)Müll, Abfall	
	you**'ll be cold** (= you **will be cold**) [wɪl]	du wirst frieren; ihr werdet frieren	❗ I**'ll** (= I **will**) help Dan. = Ich **werde** Dan helfen. I **want to** help Dan. = Ich **will** Dan helfen.
	you **won't be cold** [wəʊnt] (= you **will not be cold**)	du wirst nicht frieren; ihr werdet nicht frieren	
	yard [jɑːd]	Hof	❗ *English:* **in the yard** – *German:* **auf dem Hof**
	probably ['prɒbəbli]	wahrscheinlich	*Latin:* probabiliter; *French:* probablement
	(to) **mail** sb. [meɪl]	jn. anmailen	
p.46/A 2	**moon** [muːn]	Mond	
p.47/A 3	**important** [ɪm'pɔːtnt]	wichtig	*French:* important, e
	clinic ['klɪnɪk]	Klinik	❗ *Pronunciation:* **clinic** ['klɪnɪk] *(kurzes „i")* *French:* la clinique
	as soon as [əz 'suːn_əz]	sobald, sowie	I'll call you **as soon as** I'm home.
	if [ɪf]	wenn, falls	❗ **If** I see him, I'll ask him. (**Falls** ich ihn sehe …) **When** I see him, … (**Dann wenn** … / **Sobald** …)
	ill [ɪl]	krank	Susan is **ill**.

Unit 3 29

(to) **die (of)** [daɪ]	sterben (an)	❗ -ing form: **dying** – This tree is **dying**.
(to) **keep** sth. warm/cool/ open/... [kiːp], *simple past:* **kept** [kept]	etwas warm/kühl/offen/... halten	It's important to **keep** hedgehog babies **warm**. **Keep** your eyes **open** when you're on the road.

Irregular simple past forms

(to) bring	**brought** [brɔːt]	(mit-, her)bringen	(to) mean [miːn]	**meant** [ment]	meinen, sagen wollen
(to) choose	**chose** [tʃəʊz]	(aus)wählen, (sich) aussuchen	(to) sell	**sold** [səʊld]	verkaufen
(to) feed	**fed** [fed]	füttern	(to) sleep	**slept** [slept]	schlafen
(to) hide [haɪd]	**hid** [hɪd]	(sich) verstecken	(to) understand	**understood** [ˌʌndə'stʊd]	verstehen
(to) lay the table	**laid** [leɪd]	den Tisch decken	(to) win	**won** [wʌn]	gewinnen
(to) let	**let** [let]	lassen	(to) write	**wrote** [rəʊt]	schreiben

fine [faɪn]	*(gesundheitlich)* gut	❗ I'm/He's **fine**. = Es geht mir/ihm gut.
hot-water bottle	Wärmflasche	
gloves *(pl)* [glʌvz]	Handschuhe	a pair of **gloves**
rubbish collection [ˈrʌbɪʃ kəˌlekʃn]	Müllabfuhr	
Guess what! [ˌges 'wɒt]	Stell dir vor! / Stellt euch vor!	

p.48/A 5

	(to) **guess** [ges]	raten, erraten, schätzen	**Guess** how old I am. – 13? – No, I'm 14.
	at break	in der Pause *(zwischen Schulstunden)*	
	just then	genau in dem Moment; gerade dann	At three o'clock we wanted to go swimming, and **just then** it started to rain.
	horrible ['hɒrəbl]	scheußlich, grauenhaft	a **horrible** day; **horrible** weather *Latin:* horribilis; *French:* horrible
	garage ['gærɑːʒ]	Garage	❗ Betonung auf der 1. Silbe: **garage** ['gærɑːʒ] *French:* le garage
	safe (from) [seɪf]	sicher, in Sicherheit (vor)	❗ Will the hedgehogs be **safe**? (= **in Sicherheit**) – **I'm sure** they'll be fine. (= **sicherlich**) *Latin:* salvus
p.49/A 7	(to) **do a good job**	gute Arbeit leisten	I like your essay. You **did** a really **good job**.
	(to) **look after** sth./sb. [ˌlʊk ˈɑːftə]	sich um etwas/jn. kümmern; auf etwas/jn. aufpassen	Emily often **looks after** Baby Hannah.
	You looked after them **well**. *(adv)* [wel]	Du hast dich gut um sie gekümmert.	adjective: **good** – adverb: **well**
	broken *(adj)* ['brəʊkən]	gebrochen; zerbrochen, kaputt	a **broken** arm a **broken** plate

Unit 3

(to) **move** [muːv]	bewegen; sich bewegen	Don't **move**.
woods *(pl)* [wʊdz]	Wald, Wälder	Let's go for a walk in the **woods**.
wood [wʊd]	Holz	a piece of **wood**
hard [hɑːd]	hart; schwer, schwierig	**hard** work; a **hard** piece of bread This exercise isn't **hard**. You can do it.
(to) **work hard**	hart arbeiten	
I'm afraid [əˈfreɪd]	leider	❗ • I have to go, **I'm afraid**. = **Leider** muss ich … • He**'s afraid of** cats. = Er **hat Angst vor** Katzen.
(to) **plan** [plæn] **(-nn-)**	planen	verb: (to) **plan** – noun: **plan**
(to) **scan** a text [skæn] **(-nn-)**	einen Text schnell nach bestimmten Wörtern/ Informationen absuchen	
enemy [ˈenəmi]	Feind/in	**enemy** ◄► **friend** *Latin:* inimicus; *French:* l'ennemi *(m)*, l'ennemie *(f)*
female [ˈfiːmeɪl]	Weibchen	*Latin:* femella; *French:* la femelle
male [meɪl]	Männchen	*Latin:* masculus; *French:* le mâle
(to) **have a baby**	ein Baby/Kind bekommen	❗ ein Kind **bekommen** = (to) **have** a baby
natural [ˈnætʃrəl]	natürlich, Natur-	❗ Pronunciation: **natural** [ˈnætʃrəl] *Latin:* naturalis; *French:* naturel, le

p.49/A 8

Remember?

1 **crocodile** [ˈkrɒkədaɪl]
2 **monkey** [ˈmʌŋki]
3 **camel** [ˈkæml]
4 one **wolf** [wʊlf], two **wolves** [wʊlvz]
5 **zebra** [ˈzebrə]
6 **tiger** [ˈtaɪɡə]
7 **giraffe** [dʒəˈrɑːf]
8 **lion** [ˈlaɪən]
9 **rhino** [ˈraɪnəʊ]
10 **hippo** [ˈhɪpəʊ]
11 **bear** [beə]
12 **elephant** [ˈelɪfənt]
13 **kangaroo** [ˌkæŋɡəˈruː]

p.51/P 4	**fire** [ˈfaɪə]	Feuer, Brand	
	a single parent	ein(e) Alleinerziehende(r)	
	hurt [hɜːt]	verletzt	❗ **hurt** = 1. *(v)* verletzen; wehtun; 2. *(adj)* verletzt

Unit 3   33

p.55/P 16 **address** [əˈdres]   Anschrift, Adresse   What's your **address**? – 13 Alfred Street, Bristol.
❗ English: **a**ddress – German: **A**dresse
French: l'adresse (f)

El's best friend

p.56 **angel** [ˈeɪndʒl]   Engel   *Latin: angelus; French: l'ange (m)*

(to) **bully** [ˈbʊli]   einschüchtern, tyrannisieren

(to) **pack** [pæk]   packen, einpacken

(to) **leave** [liːv],   gehen, weggehen; abfahren   I said 'Goodbye' and **left**.
simple past: **left** [left]

(to) leave (*simple past:* left)	
1. (weg)gehen; abfahren	Get your suitcase. We'**re leaving**. Hurry up, the train **leaves** in an hour.
2. verlassen	El's mum wanted to **leave** her dad. I took my bags and **left** the room.
3. zurücklassen	He **left** his dog in the car when he went into the shop.

I **can't stand** it.   Ich kann es nicht ertragen/ aushalten/ausstehen.   I **can't stand** your music. Turn it off, please.

(to) make friends (with)	Freunde finden; sich anfreunden (mit)	He's a nice boy and **makes friends** easily. I **made friends with** John in 2002.
(to) **miss** [mɪs]	vermissen	It was great in England, but I **missed** my friends.
(to) **promise** ['prɒmɪs]	versprechen	I'll come and visit you. I **promise**. ❗ Ich **verspreche es**! = I **promise**! (*not*: I promise ~~it~~) *Latin*: promittere; *French*: promettre
neat and tidy [niːt], ['taɪdi]	schön ordentlich	My room is always **neat and tidy**.
neat	gepflegt	Your hair looks very **neat**, but isn't it a bit short?
tidy	ordentlich, aufgeräumt	verb: (to) **tidy** (aufräumen) – adjective: **tidy**
sweetheart ['swiːthɑːt]	Liebling, Schatz	
(to) **move out** [ˌmuːv_'aʊt]	ausziehen	(to) **move out** ◄► (to) **move in** We had to **move out** of our house, so we **moved to** London, **to** a small flat in Camden.
(to) **move (to)**	umziehen (nach, in)	
(to) **allow** [ə'laʊ]	erlauben, zulassen	NO DOGS **ALLOWED** IN THIS PARK

Verbs and nouns with the same form

p.57

(to) **joke**	scherzen, Witze machen	(to) **name**	(be)nennen	(to) **ride** a bike	Rad fahren
joke	Witz	**name**	Name	(bike, bus) **ride**	(Rad-, Bus-)Fahrt
(to) **list**	auflisten, aufzählen	(to) **report (to)**	berichten	(to) **visit**	besuchen
list	Liste	**report**	Bericht	**visit**	Besuch

excited [ɪkˈsaɪtɪd]	aufgeregt, begeistert	❗ She was **excited** about the trip. (aufgeregt) It was an **exciting** trip. (aufregend)
already [ɔːlˈredi]	schon, bereits	Are you leaving **already**? Can't you stay?
only [ˈəʊnli]	erst	Sorry I'm late. – That's OK, I **only** got here a minute ago. ❗ **only** = **1.** nur, bloß; **2.** erst
(to) feel [fiːl], *simple past:* **felt** [felt]	fühlen; sich fühlen	Take my hand. Can you **feel** how cold it is? I always **feel** good when I hear that song.
tear [tɪə]	Träne	He was so sad that his eyes were full of **tears**.
(to) bark [bɑːk]	bellen	
good	brav	If you're a **good** boy, you can have an ice cream. ❗ **good** = **1.** gut – a **good** film/story **2.** brav – a **good** boy/dog
(to) count [kaʊnt]	zählen	Jack **counted** his money. He had £6.50. *Latin:* computare; *French:* compter
the two of them	die beiden; alle beide	Sophie met Jack at the B&B, and then **the two of them** walked to the station.
(to) turn [tɜːn]	sich umdrehen	Jo **turned** and walked towards the door.
shy [ʃaɪ]	schüchtern, scheu	Come on, ask that man over there. Don't be **shy**.
section [ˈsekʃn]	Abschnitt, Teil	Can I have the sport **section** of the newspaper?

| line [laɪn] | Zeile | I don't know the second word in **line** 12. Abkürzung: **l.** 5 = **line** 5 · **ll.** 5–9 = **lines** 5–9 *French:* la ligne |

Unit 4: A weekend in Wales

p.60

relative [ˈrelətɪv]	Verwandte(r)	aunts, uncles, cousins and other **relatives**
theme park [ˈθiːm pɑːk]	Themenpark	I went to the *Wild West* **theme park** yesterday.
open-air concert [ˌəʊpən ˈeə ˌkɒnsət]	Open-Air-Konzert, Konzert im Freien	❗ Betonung auf der 1. Silbe: <u>**concert**</u> [ˈkɒnsət]
air [eə]	Luft	Please open the window and let some **air** in. *Latin:* aer; *French:* l'air *(m)*
coast [kəʊst]	Küste	Aberdeen is a town on the **coast** of Scotland. *French:* la côte
clean [kliːn]	sauber	verb: (to) **clean** – adjective: **clean**
cow [kaʊ]	Kuh	
dirty [ˈdɜːti]	schmutzig	**dirty** ◄► **clean**
factory [ˈfæktri]	Fabrik	
farm [fɑːm]	Bauernhof, Farm	*French:* la ferme
field [fiːld]	Feld, Acker, Weide	❗ <u>**auf**</u> dem Feld = <u>**in**</u> **the field**

Unit 4

forest [ˈfɒrɪst]	Wald	
hill [hɪl]	Hügel	
noisy [ˈnɔɪzi]	laut, lärmend	
river [ˈrɪvə]	Fluss	
sheep, *pl* **sheep** [ʃiːp]	Schaf	
traffic [ˈtræfɪk]	Verkehr	
valley [ˈvæli]	Tal	

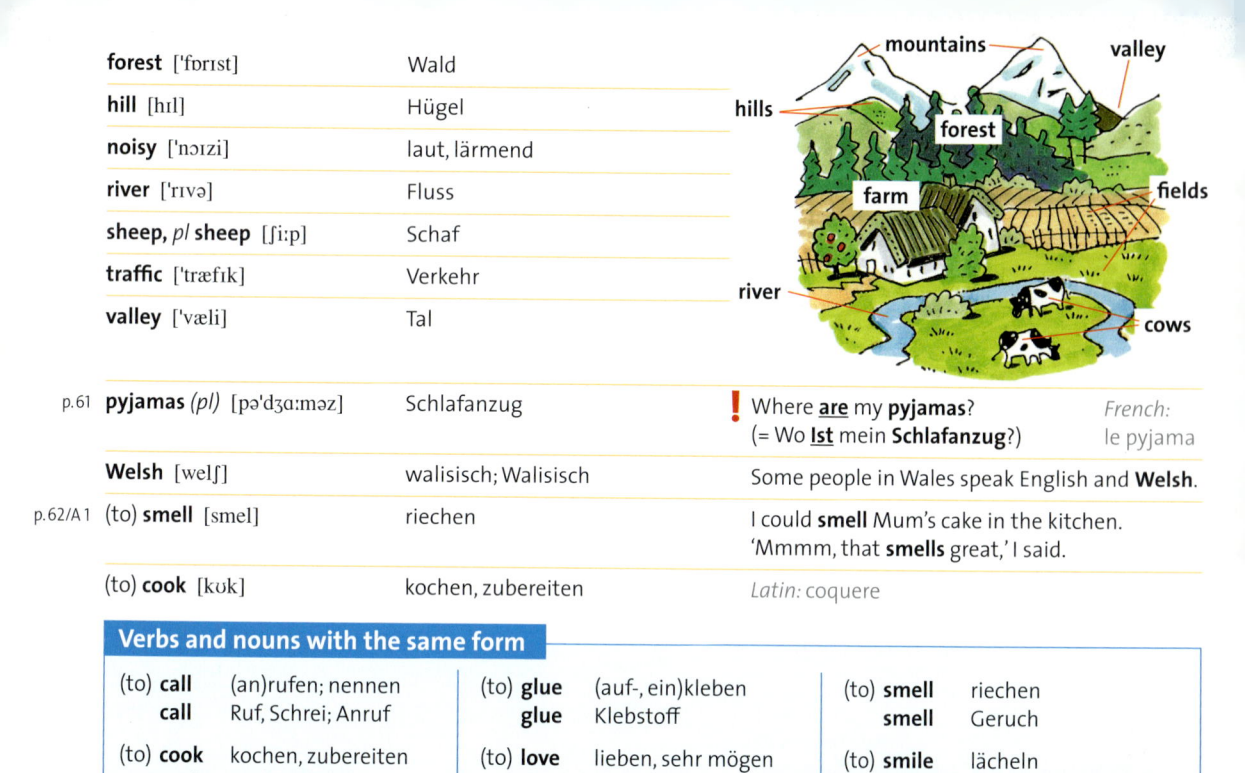

p.61	**pyjamas** *(pl)* [pəˈdʒɑːməz]	Schlafanzug	❗ Where **are** my **pyjamas**? (= Wo **ist** mein **Schlafanzug**?) — *French:* le pyjama
	Welsh [welʃ]	walisisch; Walisisch	Some people in Wales speak English and **Welsh**.
p.62/A1	(to) **smell** [smel]	riechen	I could **smell** Mum's cake in the kitchen. 'Mmmm, that **smells** great,' I said.
	(to) **cook** [kʊk]	kochen, zubereiten	*Latin:* coquere

Verbs and nouns with the same form

(to) **call**	(an)rufen; nennen		(to) **glue**	(auf-, ein)kleben		(to) **smell**	riechen
call	Ruf, Schrei; Anruf		**glue**	Klebstoff		**smell**	Geruch
(to) **cook**	kochen, zubereiten		(to) **love**	lieben, sehr mögen		(to) **smile**	lächeln
cook	Koch, Köchin		**love**	Liebe		**smile**	Lächeln

	soup [suːp]	Suppe	*French:* la soupe
	railway ['reɪlweɪ]	Eisenbahn	
	picnic ['pɪknɪk]	Picknick	*French:* le pique-nique
	castle ['kɑːsl]	Burg, Schloss	a **castle**
p.62/A 2	**south** [saʊθ]	Süden; nach Süden; südlich	**north** [nɔːθ] **north-west** [ˌnɔːθ'west]　**north-east** [ˌnɔːθ'iːst] **west** [west]　　　　　　**east** [iːst] **south-west** [ˌsaʊθ'west]　**south-east** [ˌsaʊθ'iːst] **south** [saʊθ]
	football/hockey pitch [pɪtʃ]	Fußball-/Hockeyplatz, -feld	
	(to) **be surrounded by** [sə'raʊndɪd]	umgeben sein von	The house **is surrounded by** trees.
	(to) **miss** [mɪs]	verpassen	She got up late, so she **missed** the bus. ❗ (to) **miss** = **1.** vermissen – I **miss** my friends. 　　　　　　　**2.** verpassen – I **missed** the bus.

Unit 4　39

topic sentence [ˌtɒpɪk ˈsentəns]	*Satz, der in das Thema eines Absatzes einführt*	
paragraph [ˈpærəgrɑːf]	Absatz *(in einem Text)*	❗ Betonung auf der 1. Silbe: **para**graph [ˈpærəgrɑːf]

p.63/A 4 **bacon** [ˈbeɪkən]   Schinkenspeck

bacon

not (...) yet [jet]	noch nicht	Are you ready? – **Not yet**. I'll be ready in ten minutes.
just [dʒʌst]	gerade (eben), soeben	❗ **just** = **1.** nur, bloß – Don't worry if you don't win. It's **just** a game. **2.** gerade (eben) – I'm new in Berlin. I've **just** moved here.

The present perfect: statements

In Aussagesätzen im *present perfect* findet man oft diese unbestimmten Zeitangaben:

already	Please tidy your room. – But I've **already** tidied it.	**schon**
not ... yet	I've tidied my room, but I have**n't** finished my homework **yet**.	**noch nicht**
never	I often play football but I've **never** played basketball.	**(noch) nie**
just	Your room looks great. – Yes, I've **just** tidied it.	**gerade (eben), soeben**

---

made [meɪd]	*3. Form (Partizip Perfekt[1]) von „make"*	(to) make – made – **made**

pie [paɪ]		Obstkuchen; Pastete	
seen [siːn]		*Partizip Perfekt von „see"*	(to) see – saw – **seen**
come [kʌm]		*Partizip Perfekt von „come"*	(to) come – came – **come**

Irregular past participles

(to) be	was/were	**been** [biːn]	sein		(to) hear	heard	**heard** [hɜːd]	hören
(to) do	did	**done** [dʌn]	tun, machen		(to) hurt	hurt	**hurt** [hɜːt]	wehtun; verletzen
(to) eat	ate	**eaten** [ˈiːtn]	essen		(to) lose	lost	**lost** [lɒst]	verlieren
(to) find	found	**found** [faʊnd]	finden		(to) meet	met	**met** [met]	(sich) treffen
(to) go	went	**gone** [gɒn]	gehen, fahren		(to) speak	spoke	**spoken** [ˈspəʊkən]	sprechen
(to) have (have got)	had	**had** [hæd]	haben, besitzen		(to) take	took	**taken** [ˈteɪkən]	nehmen, (weg-, hin)bringen

well *(adj)*	*(gesundheitlich)* gut; gesund, wohlauf	**!** **well** = 1. *(adv)* gut – She sang **well**. *(Adverb zu „good")* 2. *(adj)* gesund – He doesn't feel **well**. I'm **well** again.	

p.64/A 6 **Oh dear!**   Oje!

---

¹Die dritte Form des Verbs nennt man **Partizip Perfekt** (Englisch: *past participle*).

(to) **have a temperature** ['temprətʃə]	Fieber haben	I feel very hot. I think I **have a temperature**. ❗ Betonung auf der 1. Silbe: **temperature** ['temprətʃə]
temperature	Temperatur	*French:* la température
thermometer [θə'mɒmɪtə]	Thermometer	❗ Betonung auf der 2. Silbe: **thermometer** [θə'mɒmɪtə] *French:* le thermomètre
(to) **have a sore throat** [sɔː 'θrəʊt]	Halsschmerzen haben	She **has a sore throat**.
(to) **be sore**	wund sein, wehtun	Your eyes are very red. **Are** they **sore**?
throat	Hals, Kehle	
(to) **nod** [nɒd] **(-dd-)**	nicken (mit)	❗ Er **nickte** <u>mit</u> dem Kopf. = He **nodded his head**.
headache ['hedeɪk]	Kopfschmerzen	I have a **headache**. I often get **headaches**.
flu [fluː]	Grippe	❗ German: Ich habe **eine** *oder* **die** Grippe. English: I've got **flu**. *or* I've got **the flu**. (*not:* I've got a flu.)
It's a pity (that ...) ['pɪti]	Es ist schade, dass ...	**It was a pity that** Mary wasn't there.
paramedic [ˌpærə'medɪk]	Sanitäter/in	❗ Englische Berufsangaben mit unbestimmtem Artikel: My dad is **a** paramedic / **a** teacher. (Mein Vater ist Sanitäter / Lehrer.)

What's wrong with you? („Was fehlt dir?")

(to) have **a headache / a toothache / an earache / a stomach**[1] **ache**	Kopfschmerzen / Zahnschmerzen / Ohrenschmerzen / Magenschmerzen haben
(to) have **a cold**	eine Erkältung haben, erkältet sein

I don't feel well. / I feel ill.
– What's wrong with you?
I have a terrible headache and my throat is sore.
– Maybe you have a cold.
  Do you have a temperature too?
	Ich fühle mich nicht gut. / Ich fühle mich krank.
	– Was fehlt dir?
	Ich habe schreckliche Kopfschmerzen und mein Hals tut weh.
	– Vielleicht hast du eine Erkältung / bist du erkältet.
	  Hast du auch Fieber?

Statt *I have a cold / a headache / a temperature* usw. kannst du auch *I've got a cold / a headache / a temperature* usw. sagen.

[1] stomach ['stʌmək] *Magen*

p.64/A 7 (to) **break** [breɪk], **broke** [brəʊk], **broken** ['brəʊkən] — (zer)brechen; kaputt machen; kaputt gehen — John fell down and **broke** his arm. Please be careful. Don't **break** my MP3 player. The plate fell down and **broke**.

(to) **cut, cut, cut** [kʌt] (-tt-) — schneiden — **Cut** the paper into four pieces.

p.65/A 9 **ever** ['evə] — je, jemals, schon mal — Have you **ever** visited England?

The present perfect: questions

In Fragen im *present perfect* findet man oft diese unbestimmten Zeitangaben:

ever?	Have you **ever** played tennis? – No, never.	**schon mal? / jemals?**
yet?	Have you done your homework **yet**? – Yes, I have.	**schon?**

Unit 4

(to) **install** [ɪn'stɔːl]	installieren, einrichten	verb: (to) **install** –	*French:* installer
installation [ˌɪnstə'leɪʃn]	Installation, Einrichtung	noun: **installation**	*French:* l'installation *(f)*
(to) **chat** [tʃæt] **(-tt-)**	chatten, plaudern	We sat in the park and **chatted** for a few hours.	
chat [tʃæt]	Chat, Unterhaltung		
(to) **print** sth. **out** [ˌprɪnt_'aʊt]	etwas ausdrucken	If you've finished the letter, you can **print** it **out** now.	
instructions *(pl)* [ɪn'strʌkʃnz]	(Gebrauchs-)Anweisung(en), Anleitung(en)	Read the **instructions** before you use the new dishwasher. *French:* les instructions *(f)*	
It says here: ...	Hier steht: ... / Es heißt hier: ...		
(to) **click on** sth. [klɪk]	etwas anklicken	What do I do next? – Just **click on** 'OK'.	
(to) **enter** sth. ['entə]	etwas eingeben, eintragen	Please **enter** your name on this list.	

Irregular past participles

(to) buy	bought	**bought** [bɔːt]	kaufen	(to) put	put	**put** [pʊt]	legen, stellen
(to) feed	fed	**fed** [fed]	füttern	(to) read [riːd]	read	**read** [red]	lesen
(to) feel	felt	**felt** [felt]	(sich) fühlen	(to) say	said	**said** [sed]	sagen
(to) give	gave	**given** ['gɪvn]	geben	(to) send	sent	**sent** [sent]	schicken, senden
(to) hide	hid	**hidden** ['hɪdn]	(sich) verstecken	(to) think	thought	**thought** [θɔːt]	denken, glauben
(to) know	knew	**known** [nəʊn]	wissen; kennen	(to) write	wrote	**written** ['rɪtn]	schreiben

p.65/A 10	(to) **mean** [miːn], **meant, meant** [ment]	bedeuten	What does 'classmate' **mean**? – It **means** somebody in your form.

Computer words and phrases

You can ...
- **surf** the internet and **download** music or pictures.
- **install** software on your computer.
- **chat** with friends in a chat room.
- **print out** pictures or texts.
- **copy** texts and pictures.
- **send** e-mails to your friends.

p.67/P 5	**accent** ['æksənt]	Akzent	❗ Betonung auf der 1. Silbe: **<u>ac</u>cent** ['æksənt] *French: l'accent (m)*
p.71/P 15	**silent letter** [ˌsaɪlənt 'letə]	„stummer" Buchstabe *(nicht gesprochener Buchstabe)*	You can't hear the 'w' in 'answer' – it's a **silent letter**.

All in a day's work

p.72	(to) **ring** [rɪŋ], **rang** [ræŋ], **rung** [rʌŋ]	klingeln, läuten	Listen – I think the phone **is ringing**.
	(to) **pick up the phone** [pɪk]	den Hörer abnehmen	I **picked up the phone** and called the police.
	accident ['æksɪdənt]	Unfall	*French: l'accident (m)*

Unit 4   **45**

(to) **be allowed to** do sth. [ə'laʊd]	etwas tun dürfen	**Were** you **allowed to** use dictionaries in your English tests?
(to) **be able to** do sth. ['eɪbl]	etwas tun können; fähig sein/ in der Lage sein, etwas zu tun	Sandra **wasn't able to** come to my party last Saturday. (= Sandra **couldn't** come ...)

„können" und „dürfen"

Du kennst bereits **can** für „können" und **can** und **may** für „dürfen":

Ananda **can** play hockey very well.	Ananda kann sehr gut Hockey spielen.
You **can/may** go to the disco, but be home at 9, please.	Du darfst zur Disko gehen, ...

Wenn es um die **Vergangenheit** oder die **Zukunft** geht, verwende

– für „können" eine Form von **be able to** und
– für „dürfen" eine Form von **be allowed to**.

(to) **be able to**:	The museum was closed on Friday, but we **were able to** go on Saturday.[1] I **won't be able to** meet you today.	..., aber wir konnten am Samstag hingehen. Ich werde dich heute nicht treffen können.
(to) **be allowed to**:	**Were** you **allowed to** watch the film last night? When I'm 18 I**'ll be allowed to** drive.	Durftest du den Film gestern Abend sehen? Wenn ich 18 bin, werde ich Auto fahren dürfen.

[1] Es gibt auch eine Vergangenheitsform *could* („konnte"): Bryn **could** see a red car on its side.

side [saɪd]	Seite	How can we get to the other **side** of the river?

fireman ['faɪəmən] / **firewoman** ['faɪəˌwʊmən]	Feuerwehrmann/-frau	
metre ['miːtə]	Meter	*French:* le mètre
(to) hold [həʊld], **held**, **held** [held]	halten	That footbridge looks dangerous. Do you think it will **hold**? Can you **hold** my baby for a moment, please?
strong [strɒŋ]	stark	He's very **strong**.
weak [wiːk]	schwach	He's **weak**.
(to) fall [fɔːl], **fell** [fel], **fallen** ['fɔːlən]	fallen, stürzen; hinfallen	Oh no! Toby **has fallen** into the pool. I **fell** and hurt my leg yesterday.
unconscious [ʌnˈkɒnʃəs]	bewusstlos	He isn't dead. He's just **unconscious**.
husband ['hʌzbənd]	Ehemann	❗ mein **Mann** = my **husband** (*not:* ~~my man~~)
wife [waɪf], *pl* **wives** [waɪvz]	Ehefrau	❗ meine **Frau** = my **wife** (*not:* ~~my woman~~)
hospital ['hɒspɪtl]	Krankenhaus	*French:* l'hôpital *(m)*
That was close. [kləʊs]	Das war knapp.	❗ Pronunciation: (to) **close** („schließen") [kləʊz] **close** („knapp") [kləʊs]

p.73 appears beside the "(to) fall" row.

Unit 4   47

(to) think

think	I **think** you're right.	denken, glauben, meinen
think about	**Think about** these questions: ...	nachdenken über
think of	**Think of** the children. They need you.	denken an
	Think of a word with five letters.	sich ausdenken
think about/of	What do you **think about / think of** the story?	denken über, halten von

grandson ['grænsʌn] / **granddaughter** ['grændɔːtə]	Enkel/Enkelin	a son of your child / a daughter of your child
p.74 **injury** ['ɪndʒəri]	Verletzung	He died of his **injuries** after the accident.

Unit 5: Teamwork

p.76 **dice**, *pl* **dice** [daɪs]	Würfel
counter ['kaʊntə]	Spielstein
Move on one space.	Geh ein Feld vor.
Move back one space.	Geh ein Feld zurück.
engineer [ˌendʒɪ'nɪə]	Ingenieur/in

(to) **build** [bɪld], **built, built** [bɪlt]	bauen	
pub [pʌb]	Kneipe, Lokal	where people go to drink and talk
Miss a turn. [tɜːn]	Einmal aussetzen.	
Take another turn.	*hier:* Würfel noch einmal.	
international [ˌɪntəˈnæʃnəl]	international	
balloon [bəˈluːn]	Heißluftballon; Luftballon	*French:* le ballon
across [əˈkrɒs]	(quer) über	All those cars! We can't get **across** the street.
closed [kləʊzd]	geschlossen	**closed** ◄► open *Latin:* clausus
market [ˈmɑːkɪt]	Markt	*Latin:* mercatus; *French:* le marché
healthy [ˈhelθi]	gesund	It's very **healthy** to do sports.
snack [snæk]	Snack, Imbiss	
p.77 **famous (for)** [ˈfeɪməs]	berühmt (für, wegen)	Bristol is **famous for** the Clifton Suspension Bridge. *Latin:* famosus
sugar [ˈʃʊɡə]	Zucker	Tea with milk and **sugar**? *French:* le sucre
trade [treɪd]	Handel	the activity of buying and selling things
slave [sleɪv]	Sklave, Sklavin	*French:* l'esclave *(m, f)*
British [ˈbrɪtɪʃ]	britisch; Brite, Britin	There's a lot of **British** music on German radio. I'm German, but my mother is **British**.

Unit 5 49

rich [rɪtʃ]	reich	**rich** ◄► **poor**	*French:* riche
(to) **arrive** [əˈraɪv]	ankommen, eintreffen	(to) **arrive** ◄► (to) **leave**	*French:* arriver
p.78/A 1 a project **which** starts with a quiz	ein Projekt, das mit einem Quiz beginnt		
material [məˈtɪəriəl]	Material, Stoff	We need a lot of **material** for our project. *Latin:* materia; *French:* le matériel	
booklet [ˈbʊklət]	Broschüre		
something **that** happens in August	etwas, das im August passiert		
(to) **produce** [prəˈdjuːs]	produzieren, erzeugen, herstellen	Germany **produces** more cheese than France. *Latin:* producere; *French:* produire	
the people **who** come …	die Menschen, die … kommen		
I don't get it.	Das versteh ich nicht. / Das kapier ich nicht.	Look, it's very easy: if x is 52 , y has to be 13. – **I don't get it.**	
event [ɪˈvent]	Ereignis	The first day at school is a big **event** in a child's life. *French:* l'événement *(m)*	
p.79/A 4 the man **whose** statue …	der Mann, dessen Statue …		
statue [ˈstætʃuː]	Statue	*Latin:* statua; *French:* la statue	
photographer [fəˈtɒɡrəfə]	Fotograf/in	❗ Betonung auf der 2. Silbe: **photographer** [fəˈtɒɡrəfə]	*French:* le/la photographe

	encyclopedia [ɪnˌsaɪklə'piːdɪə]	Enzyklopädie, Lexikon	*French:* l'encyclopédie (f)
p.79/A 5	(to) **be born** [bi 'bɔːn]	geboren sein/werden	I **was** born in 1997. = Ich **bin** 1997 geboren. ❗ *Never:* I ~~am born~~ in 1997.
	(to) **decide (on** sth.) [dɪ'saɪd]	sich entscheiden (für etwas), (etwas) beschließen	We **decided on** a project about the sea. (= We **decided** to do a project) *French:* décider
	(to) **become** [bɪ'kʌm], **became** [bɪ'keɪm], **become**	werden	❗ Nicht verwechseln: (to) **become** = **werden** (to) **get** = **bekommen**

Irregular past participles

(to) drive	drove	**driven** ['drɪvn]	(ein Auto) fahren	(to) ride	rode	**ridden** ['rɪdn]	reiten; (Rad) fahren
(to) get	got	**got** [gɒt]	bekommen; holen; werden; (hin)kommen	(to) run	ran	**run** [rʌn]	rennen, laufen
(to) grow	grew	**grown** [grəʊn]	wachsen	(to) sell	sold	**sold** [səʊld]	verkaufen
(to) leave	left	**left** [left]	(weg)gehen, abfahren; verlassen; zurücklassen	(to) sit	sat	**sat** [sæt]	sitzen; sich setzen
				(to) sleep	slept	**slept** [slept]	schlafen
				(to) win	won	**won** [wʌn]	gewinnen

tunnel ['tʌnl]	Tunnel	❗ Pronunciation: **tunnel** ['tʌnl] *French:* le tunnel
(to) **recover (from)** [rɪ'kʌvə]	sich erholen (von)	Has your mum **recovered**? – Yes, thanks.

Unit 5 51

the ship **was built** in Bristol	das Schiff wurde in Bristol gebaut	Our house **was built** in three months.
proud (of sb./sth.**)** [praʊd]	stolz (auf jn./etwas)	She's a very good student. We're **proud of** her.
(to) **mark** sth. **up** [ˌmɑːk ˈʌp]	etwas markieren, kennzeichnen	
delicious [dɪˈlɪʃəs]	köstlich, lecker	What's the pizza like? – Mmmm. It's **delicious**. *Latin:* deliciosus; *French:* délicieux, se
impossible [ɪmˈpɒsəbl]	unmöglich	It's **impossible** to run a mile in two minutes. *Latin:* impossibilis; *French:* impossible
possible [ˈpɒsəbl]	möglich	**possible ◄► impossible** *Latin:* possibilis; *French:* possible
silly [ˈsɪli]	albern, dumm	She's too **silly** – she can't understand the joke.
pretty cool/good/... [ˈprɪti]	ziemlich cool/gut/...	❗ **pretty** = **1.** *(adj)* hübsch – Polly is a **pretty** parrot. **2.** *(adv)* ziemlich – This place looks **pretty** cool.
(to) **order** [ˈɔːdə]	bestellen	We went into the bar and **ordered** drinks.
What can I get you?	Was kann/darf ich euch/Ihnen bringen?	**What can I get you?** – Just a cup of coffee, please.
smoothie [ˈsmuːði]	*dickflüssiger Fruchtshake mit Milch, Joghurt oder Eiscreme*	
flavour [ˈfleɪvə]	Geschmack, Geschmacks- richtung	Two ice creams, please. – What **flavour**? – Chocolate, please.

p.80/A 7

	strawberry ['strɔːbəri]	Erdbeere	
p.81/A 9	(to) **lock up** [ˌlɒk ˈʌp]	abschließen	Please **lock up** before you leave the building.
	IT [ˌaɪ ˈtiː] **(information technology)** [tekˈnɒlədʒi]	IT (Informationstechnologie)	
	(to) **steal** [stiːl], **stole** [stəʊl], **stolen** ['stəʊlən]	stehlen	Where's your new bike? – Somebody **has stolen** it.
	thief [θiːf], *pl* **thieves** [θiːvz]	Dieb/in	

Irregular past participles

(to) bring	brought	**brought** [brɔːt]	(mit-, her)bringen	(to) swim	swam	**swum** [swʌm]	schwimmen
(to) choose	chose	**chosen** ['tʃəʊzn]	(aus)wählen, (sich) aussuchen	(to) teach	taught	**taught** [tɔːt]	unterrichten, lehren
(to) drink	drank	**drunk** [drʌŋk]	trinken	(to) tell	told	**told** [təʊld]	erzählen
(to) let	let	**let** [let]	lassen	(to) understand	understood	**understood** [ˌʌndəˈstʊd]	verstehen
(to) show	showed	**shown** [ʃəʊn]	zeigen				

p.81/A 10	(to) **take place**	stattfinden	Our next school trip will **take place** next month.
	from all over the world	aus der ganzen Welt	The band plays music **from all over the world**.

Unit 5

Numbers		
500,000	= five hundred thousand	Im Englischen steht oft ein Komma in Zahlen, die größer als 1 000 sind.
11,400	= eleven thousand four hundred	
❗ **11.4**	= eleven **point** four (*deutsch:* 11,4 = elf **Komma** vier)	
1,100,000	= one million one hundred thousand	
❗ **1.1 million**	= one **point** one million (*deutsch:* 1,1 Millionen)	

	shape [ʃeɪp]	Form, Gestalt	I like the colour, but not the **shape**.
	(to) **structure** ['strʌktʃə]	strukturieren, aufbauen	*Latin:* struere; *French:* structurer
p.82/P 3	**discussion** [dɪ'skʌʃn]	Diskussion	❗ Betonung auf der 2. Silbe: **dis**cussion [dɪ'skʌʃn] *French:* la discussion
	(to) **disagree (with)** [ˌdɪsə'griː]	anderer Meinung sein (als), nicht übereinstimmen (mit)	I'm sorry, but I **disagree with** you. (to) **agree** ◄► (to) **disagree**
p.84/P 7	(to) **be called** [kɔːld]	heißen, genannt werden	Asterix has got a big friend. He**'s called** 'Obelix'. (= His name is 'Obelix'.)

To catch a thief

p.88	(to) **catch** [kætʃ], **caught, caught** [kɔːt]	fangen; erwischen	You throw the ball and I'll **catch** it. The police are trying to **catch** a bank robber.
	proof *(no pl)* [pruːf]	Beweis(e)	Is she really a thief? We need **proof**. *Latin:* ❗ *Never:* ~~a proof~~ proba

So?	Und? / Na und?	It's very cold today. – **So?** You can wear a pullover when you go out.
(to) **set a trap (for** sb.**)**, **set, set** [ˌset_ə ˈtræp] **(-tt-)**	(jm.) eine Falle stellen	
purse [pɜːs]	Geldbörse	a **purse** *Latin:* bursa
special [ˈspeʃl]	besondere(r, s)	Today is a very **special** day – it's my birthday! ❗ Betonung auf der 1. Silbe: **special** [ˈspeʃl] *Latin:* specialis; *French:* spécial, e
ring [rɪŋ]	Ring	
(to) **bleep** [bliːp]	piepsen	
bleep [bliːp]	Piepton	
(to) **whistle** [ˈwɪsl]	pfeifen	
whistle [ˈwɪsl]	Pfiff; (Triller-)Pfeife	
Shut up. [ˌʃʌt_ˈʌp]	Halt den Mund!	**Shut up**, Toby. I want to watch this film. ❗ (to) **shut – shut – shut**
p.89 **all we have to do now ...**	alles, was wir jetzt (noch) tun müssen, ...	
this way [ˈðɪs weɪ]	hier entlang, in diese Richtung	Excuse me. Where's 8PK's classroom? – **This way**, please. It's on the right.

Unit 5

the wrong way	in die falsche Richtung	Stop! You're going **the wrong way**.
caretaker ['keəteɪkə]	Hausmeister/in	
cleaner ['kli:nə]	Putzfrau, -mann	
p.90 **rest** [rest]	Rest	*French:* le reste
(to) **belong (to)** [bɪ'lɒŋ]	gehören (zu)	Who does this book **belong to**? – I think it's Jo's.
case [keɪs]	Fall	'This will be a difficult **case**,' the detective said. *French:* le cas
mystery ['mɪstri]	Rätsel, Geheimnis	My grandfather doesn't understand computers. They're a **mystery** to him. *Latin:* mysterium; *French:* le mystère

Unit 6: A trip to Bath

p.94 **Roman** ['rəʊmən]	römisch; Römer, Römerin	*Latin:* Romanus; *French:* romain,e
bath [bɑ:θ]	Bad, Badewanne	❗ (to) **have a bath** = baden, ein Bad nehmen
round [raʊnd]	rund	r**O**und *Latin:* rotundus; *French:* rond, e
stone [stəʊn]	Stein	
wall [wɔ:l]	Wand; Mauer	A room has got four **walls**. Can you climb that stone **wall**?

	towel ['taʊəl]	Handtuch	
	(to) **have a massage** ['mæsɑːʒ]	sich massieren lassen	❗ Betonung auf der 1. Silbe: **mas**sage ['mæsɑːʒ]
	(to) **have a sauna** ['sɔːnə]	in die Sauna gehen	
	(to) **relax** [rɪ'læks]	(sich) entspannen, sich ausruhen	*rela*
	machine [mə'ʃiːn]	Maschine, Gerät	*Latin:* machina; *French:* la machine
p.96/A 1	(to) **cycle** ['saɪkl]	(mit dem) Rad fahren	(to) ride a bike
	along the road [ə'lɒŋ]	entlang der Straße / die Straße entlang	
	path [pɑːθ]	Pfad, Weg	a **cycle path along** the river
	flat [flæt]	flach, eben	The Netherlands is a very **flat** country.
	I've never been **to** Bath.	Ich bin noch nie in Bath gewesen.	
	half [hɑːf]	halbe(r, s)	❗ **half** an hour = eine **halbe** Stunde
	way [weɪ]	Weg; Strecke	It's 14 miles, but we only have to cycle half **way**.

Unit 6 57

way ("Richtung", "Weg")

Stop. You're going **the wrong way**.	Halt! Du gehst **in die falsche Richtung**.
We have to go **this way**.	Wir müssen **hier entlang / in diese Richtung**.
Which way is the station, please?	**In welcher Richtung liegt** der Bahnhof, bitte? / **Wo geht's** zum Bahnhof, bitte?
I don't know where we are. Let's **ask** somebody **the way**.	... Lass uns jemanden **nach dem Weg fragen**.
'Excuse me. Can you **tell** us **the way** to Bath?'	"... Können Sie uns **den Weg** nach Bath **beschreiben**?"
The group had a lot of fun **on their way** to Bath.	... **auf ihrem Weg** nach Bath.

guy [gaɪ]	Typ, Kerl	**!** umgangssprachlich für „Mann" oder „Junge": Mike is a really nice **guy**. Der Plural **guys** („Leute") wird auch für Frauen und Mädchen verwendet: Hey, you **guys**! Wait for me. I'll come with you.
Come on. [ˌkʌm_ˈɒn]	Ach komm! / Na hör mal!	Oh **come on** – you know that's wrong!
before [bɪˈfɔː]	(vorher) schon mal	Have you been to Bath **before** or is it your first visit?
theatre [ˈθɪətə]	Theater	**!** Betonung auf der 1. Silbe: **theatre** [ˈθɪətə] *Latin:* theatrum; *French:* le théâtre
royal [ˈrɔɪəl]	königlich, Königs-	Tourists love the British **royal** family. *Latin:* regalis; *French:* royal, e

	conversation [ˌkɒnvəˈseɪʃn]	Gespräch, Unterhaltung	He loves **conversations** and can talk for hours. *French:* la conversation
p.97/A 3	**opposite** [ˈɒpəzɪt]	gegenüber (von)	The bathroom is **opposite** the bedroom.
	abbey [ˈæbi]	Abtei	*Latin:* abbatia; *French:* l'abbaye (f)
	(to) continue [kənˈtɪnjuː]	weitermachen (mit); weiterreden; weitergehen	(to) go on The teacher **continued** (to talk) after the bell rang. She **continued** with the lesson. I stopped to look at a poster, but Jo **continued**. *Latin:* continuere; *French:* continuer
	map [mæp]	Landkarte, Stadtplan	*Latin:* mappa
	(to) turn left/right	(nach) links/rechts abbiegen	**Turn left.** **Turn right.** *French:* tourner à gauche/à droite

(to) turn

The way to the station? No problem – **turn left** at the church, then **turn right** into Elm Street.	abbiegen
Suddenly the woman **turned** and looked at me.	sich umdrehen
Mrs Hanson **turned to** Jack and asked, 'Why?'	sich jm. zuwenden; sich an jn. wenden
Jo **turned off** the radio and **turned on** the TV.	aus-, einschalten

Unit 6 59

(to) **cross** [krɒs]	überqueren; (sich) kreuzen	Don't **cross** the road here. It's too dangerous. The two roads **cross** in the city centre.
straight on [streɪt_'ɒn]	geradeaus weiter	The hospital? Turn left here, and then go **straight on**.
post office ['pəʊst_ɒfɪs]	Postamt	
police station [pə'liːs steɪʃn]	Polizeiwache, Polizeirevier	
restaurant ['restrɒnt]	Restaurant	❗ Betonung auf der 1. Silbe: **restaurant** ['restrɒnt] *French:* le restaurant
chemist ['kemɪst]	Drogerie, Apotheke	
department store [dɪ'pɑːtmənt stɔː]	Kaufhaus	
directions *(pl)* [də'rekʃnz]	Wegbeschreibung(en)	I couldn't find the station, but then a policeman gave me **directions**.

p.97/A 4

Irregular past participles

(to) fly	flew	**flown** [fləʊn]	fliegen	(to) shine	shone	**shone** [ʃɒn]	scheinen *(Sonne)*
(to) keep	kept	**kept** [kept]	*(warm/offen/...)* halten	(to) sing	sang	**sung** [sʌŋ]	singen
				(to) throw	threw	**thrown** [θrəʊn]	werfen
(to) lay the table	laid	**laid** [leɪd]	den Tisch decken	(to) wear	wore	**worn** [wɔːn]	tragen *(Kleidung)*

p.98/A 5	(to) **be missing** ['mɪsɪŋ]	fehlen	Almost all my friends were at the party. Only Robbie **was missing**.
	square [skweə]	Platz *(in der Stadt)*	
	needn't do ['niːdnt]	nicht tun müssen, nicht zu tun brauchen	I can do the exercise. You **needn't** help me. **needn't** ◄► **must**
	(to) **be gone** [gɒn]	weg sein, nicht da sein	Jo was looking for Sophie, but she **was gone**.
	This is Isabel.	Hier spricht Isabel. / Hier ist Isabel. *(am Telefon)*	*(on the phone)* Am I speaking to Laura? – No, **this is** Emma.
	(to) **play a trick on** sb.	jm. einen Streich spielen	
p.99/A 7	**planet** ['plænɪt]	Planet	❗ Betonung auf der 1. Silbe: **planet** ['plænɪt] *Latin:* planeta; *French:* la planète
	space [speɪs]	Weltraum	*French:* l'éspace *(f)*
	we could ... [kəd, kʊd]	wir könnten ...	What can we do tonight? – We **could** watch TV. **Could** I have a hamburger with chips, please? ❗ **could** = 1. konnte(n); 2. könnte(n)
	(to) **discover** [dɪ'skʌvə]	entdecken; herausfinden	*French:* découvrir
	mustn't do ['mʌsnt]	nicht tun dürfen	You **mustn't** touch the plates. They're hot.

Unit 6

must – needn't – mustn't

must (müssen)

Mit **must** drückt man aus, dass jemand etwas tun muss:

I **must** clean the hamster's cage today. It's very dirty.

(Ich muss ... sauber machen.)

needn't (nicht müssen)

Mit **needn't** drückt man aus, dass jemand etwas nicht zu tun braucht:

I **needn't** clean the rabbits' cage. It isn't dirty.

(Ich muss ... nicht sauber machen / brauche ... nicht sauber zu machen.)

mustn't (nicht dürfen)

Mit **mustn't** drückt man aus, dass jemand etwas nicht tun darf:

You **mustn't** give hedgehogs milk. It's bad for them.

(Du darfst Igeln keine Milch geben.)

p.99/A 9	(to) **divide (into)** [dɪ'vaɪd]	(sich) teilen (in), (sich) aufteilen (in)	**Divide into** groups and talk about the question. **Divide** the cake **into** eight parts. *Latin:* dividere; *French:* diviser
	star [stɑː]	Stern	*Latin:* stella a **star**
	still [stɪl]	trotzdem, dennoch	It was raining, but we **still** had a lot of fun. ❗ **still** = **1.** (immer) noch; **2.** trotzdem, dennoch
p.101/P 5	**ice rink** ['aɪs rɪŋk]	Schlittschuhbahn	
p.104/P 12	(to) **correct** [kə'rekt]	berichtigen, korrigieren	verb: (to) **correct** – adjective: **correct** *Latin:* corrigere; *French:* corriger

A trip to Bath – a play for the end of term

p.105	**term** [tɜːm]	Trimester	The school year in Britain has three **terms**.
	as	wie	Traffic is a problem here, **as** in all big cities. **As** you know, Bristol is a town in England.
	(to) **mime** [maɪm]	vorspielen, pantomimisch darstellen	She had a sore throat and couldn't speak, so she had to **mime**.
	(to) **like** sth. **better**	etwas lieber mögen	Tim's favourite sport is tennis, but I **like** football **better**.
	luckily [ˈlʌkɪli]	zum Glück, glücklicherweise	I dropped a plate yesterday. **Luckily**, it wasn't very expensive.
	actor [ˈæktə]	Schauspieler/in	somebody who acts in a film or play *Latin:* actor; *French:* l'acteur *(m)*, l'actrice *(f)*
	(to) **fall off** [ˌfɔːl ˈɒf]	herunterfallen (von)	Liz **fell off** her horse, but luckily she wasn't hurt.
p.106	**the other way round**	anders herum	So your name is John James. – No, **the other way round**: James John.
	movement [ˈmuːvmənt]	Bewegung	*French:* le mouvement
	leisure centre [ˈleʒə sentə]	Freizeitzentrum, -park	
	(to) **shiver** [ˈʃɪvə]	zittern	
	(to) **yawn** [jɔːn]	gähnen	She**'s yawning**.

Unit 6 63

Hooray! [huˈreɪ]	Hurra!	
(to) **pay (for)** [peɪ], **paid, paid** [peɪd]	bezahlen	**!** (to) **pay <u>for</u> a sandwich** (ein Sandwich bezahlen) *French:* payer
tomato [təˈmɑːtəʊ], *pl* **tomatoes**	Tomate	*French:* la tomate
lettuce [ˈletɪs]	(Kopf-)Salat	**lettuce** **tomatoes**
roll [rəʊl]	Brötchen	
century [ˈsentʃəri]	Jahrhundert	Martin Luther was born in the 15th **century**.
(to) **wonder** [ˈwʌndə]	sich fragen, gern wissen wollen	Do you know that boy over there? I **wonder** who he is.
p.107 (to) **cheer** [tʃɪə]	jubeln, Beifall klatschen	At the end of the play, they all **cheered** loudly.
laughter [ˈlɑːftə]	Gelächter	verb: (to) **laugh** – noun: **laughter**
worry [ˈwʌri]	Sorge, Kummer	verb: (to) **worry** – noun: **worry**
bright [braɪt]	hell, leuchtend	It's a very **bright** room. It gets the sun all day.
if	ob	**!** **if** = **1.** I don't know **if** I can (ob) come to your party. **2.** But I'll come **if** I can. (falls, wenn)
true [truː]	wahr	The twins' mother lives in Australia. – That's not **true**. She lives in New Zealand.

(to) come true	wahr werden	I hope your dreams will **come true**.

Irregular past participles

(to) begin	began	**begun** [bɪˈgʌn]	beginnen, anfangen (mit)
(to) lend	lent	**lent** [lent]	(ver)leihen
(to) mean [miːn]	meant	**meant** [ment]	bedeuten; meinen, sagen wollen

(to) spend	spent	**spent** [spent]	*(Geld)* ausgeben; *(Zeit)* verbringen
(to) stand	stood	**stood** [stʊd]	stehen; sich (hin)stellen
(to) stick on	stuck	**stuck** [stʌk]	aufkleben

Irregular verbs

Infinitive	Simple past form	Past participle	
(to) **be**	**was/were**	**been**	sein
(to) **become**	**became**	**become**	werden
(to) **begin**	**began**	**begun**	beginnen, anfangen (mit)
(to) **break** [eɪ]	**broke**	**broken**	(zer)brechen; kaputt machen; kaputt gehen
(to) **bring**	**brought**	**brought**	(mit-, her)bringen
(to) **build**	**built**	**built**	bauen
(to) **buy**	**bought**	**bought**	kaufen
(to) **catch**	**caught**	**caught**	fangen; erwischen
(to) **choose** [uː]	**chose** [əʊ]	**chosen** [əʊ]	(aus)wählen; (sich) aussuchen
(to) **come**	**came**	**come**	kommen
(to) **cut**	**cut**	**cut**	schneiden
(to) **do**	**did**	**done** [ʌ]	tun, machen
(to) **drink**	**drank**	**drunk**	trinken
(to) **drive** [aɪ]	**drove**	**driven** [ɪ]	*(ein Auto)* fahren
(to) **eat**	**ate** [et, eɪt]	**eaten**	essen
(to) **fall**	**fell**	**fallen**	(hin)fallen, stürzen
(to) **feed**	**fed**	**fed**	füttern
(to) **feel**	**felt**	**felt**	(sich) fühlen; sich anfühlen

(to) **find**	**found**	**found**	finden
(to) **fly**	**flew**	**flown**	fliegen
(to) **get**	**got**	**got**	bekommen; holen; werden; (hin)kommen
(to) **give**	**gave**	**given**	geben
(to) **go**	**went**	**gone** [ɒ]	gehen, fahren
(to) **grow**	**grew**	**grown**	wachsen
(to) **have (have got)**	**had**	**had**	haben, besitzen
(to) **hear** [ɪə]	**heard** [ɜː]	**heard** [ɜː]	hören
(to) **hide** [aɪ]	**hid** [ɪ]	**hidden** [ɪ]	(sich) verstecken
(to) **hold**	**held**	**held**	halten
(to) **hurt**	**hurt**	**hurt**	wehtun; verletzen
(to) **keep**	**kept**	**kept**	*(warm/offen/...)* halten
(to) **know** [nəʊ]	**knew** [njuː]	**known** [nəʊn]	wissen; kennen
(to) **lay** the table	**laid**	**laid**	den Tisch decken
(to) **leave**	**left**	**left**	(weg)gehen; abfahren; verlassen; zurücklassen
(to) **lend**	**lent**	**lent**	(ver)leihen
(to) **let**	**let**	**let**	lassen
(to) **lose** [uː]	**lost** [ɒ]	**lost** [ɒ]	verlieren
(to) **make**	**made**	**made**	machen; bauen; bilden

Infinitive	Simple past form	Past participle	
(to) **mean** [iː]	**meant** [e]	**meant** [e]	bedeuten; meinen
(to) **meet**	**met**	**met**	(sich) treffen
(to) **pay**	**paid**	**paid**	bezahlen
(to) **put**	**put**	**put**	legen, stellen, *(wohin)* tun
(to) **read** [iː]	**read** [e]	**read** [e]	lesen
(to) **ride** [aɪ]	**rode**	**ridden** [ɪ]	reiten; *(Rad)* fahren
(to) **ring**	**rang**	**rung**	klingeln, läuten
(to) **run**	**ran**	**run**	rennen, laufen
(to) **say** [eɪ]	**said** [e]	**said** [e]	sagen
(to) **see**	**saw**	**seen**	sehen; besuchen, aufsuchen
(to) **sell**	**sold**	**sold**	verkaufen
(to) **send**	**sent**	**sent**	schicken, senden
(to) **set** a trap	**set**	**set**	eine Falle stellen
(to) **shine**	**shone** [ɒ]	**shone** [ɒ]	scheinen *(Sonne)*
(to) **show**	**showed**	**shown**	zeigen
(to) **shut** up	**shut**	**shut**	den Mund halten
(to) **sing**	**sang**	**sung**	singen
(to) **sit**	**sat**	**sat**	sitzen; sich setzen
(to) **sleep**	**slept**	**slept**	schlafen

(to) **speak**	**spoke**	**spoken**	sprechen
(to) **spend**	**spent**	**spent**	*(Zeit)* verbringen; *(Geld)* ausgeben
(to) **stand**	**stood**	**stood**	stehen; sich (hin)stellen
(to) **steal**	**stole**	**stolen**	stehlen
(to) **stick** on	**stuck**	**stuck**	aufkleben
(to) **swim**	**swam**	**swum**	schwimmen
(to) **take**	**took**	**taken**	nehmen; (weg-, hin)bringen
(to) **teach**	**taught**	**taught**	unterrichten, lehren
(to) **tell**	**told**	**told**	erzählen, berichten
(to) **think**	**thought**	**thought**	denken, glauben, meinen
(to) **throw**	**threw**	**thrown**	werfen
(to) **understand**	**understood**	**understood**	verstehen
(to) **wear** [eə]	**wore** [ɔː]	**worn** [ɔː]	tragen *(Kleidung)*
(to) **win**	**won** [ʌ]	**won** [ʌ]	gewinnen
(to) **write**	**wrote**	**written**	schreiben

Auf den folgenden Seiten stehen ein paar Tipps, wie du Vokabeln lernen kannst.
Am besten, du probierst jede Möglichkeit aus, dann weißt du, welche für dich am besten ist.

Vokabeln lernen mit dem Vokabeltaschenbuch (oder dem Vocabulary in deinem Englischbuch)

Schritt 1:
– Lies das englische Wort laut. (Aussprache und
  Betonung sind in den eckigen Klammern angegeben.)
– Lies dann die deutsche Übersetzung in der mittleren
  Spalte.
– Beachte auch die Beispielsätze oder sonstigen
  Hinweise in der rechten Spalte.

Schritt 2:
Überprüfe Zeile für Zeile, ob du die Wörter weißt:
– Deck die mittlere Spalte ab und sag die deutsche
  Übersetzung.
– Nun deck die linke und die rechte Spalte ab. Sag die
  englischen Wörter und – wenn du kannst – auch
  den Beispielsatz.

So kannst du dir eine Lernhilfe zum Abdecken der Spalten basteln:

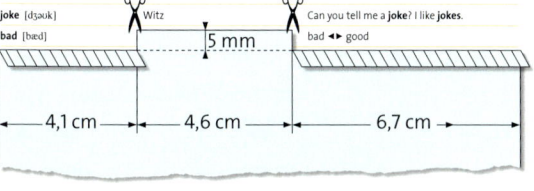

englisch – deutsch

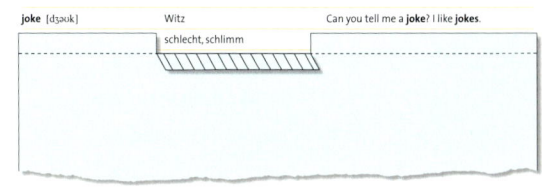

deutsch – englisch

Tipps

• Lerne immer 7–10 Wörter auf einmal.
• Lerne Vokabeln regelmäßig – lieber jeden Tag 5–10
  Minuten als einmal pro Woche zwei Stunden.

• Wiederhole „alte" Vokabeln einmal pro Woche.
• Es macht mehr Spaß, wenn du mit jemandem
  zusammen lernst. Fragt euch z.B. gegenseitig ab.

Abschreiben erwünscht!

Besonders gut behältst du Vokabeln, wenn du sie aufschreibst. Es gibt mehrere Möglichkeiten:

■ Dreispaltiges Vokabelheft
Leg ein Vokabelheft (mindestens DIN A5) mit drei Spalten an:

- **Spalte 1:** das englische Wort
- **Spalte 2:** die deutsche Übersetzung
- **Spalte 3:** Beispielsätze (aus dem Vocabulary, aus der Unit deines Englischbuchs, …) oder Bilder.

 pen bx

Lies dir am Ende noch einmal laut vor, was du geschrieben hast.

■ Elektronisches Wörterverzeichnis
Es gibt Computerprogramme, die dich beim Üben und Wiederholen wie ein „Vokabeltrainer" unterstützen. Du kannst dazu dein *e-Workbook* und den *English Coach* benutzen.

■ Karteikarten
Auf die Vorderseite schreibst du das englische Wort mit einem Beispielsatz, auf die Rückseite die deutsche Übersetzung. Diese Karteikarten kannst du in einem Karteikasten sammeln.

Vorderseite   Rückseite

Tipps: Vokabeln lernen

English G 21 • Band A 2
Vokabeltaschenbuch

Im Auftrag des Verlages
herausgegeben von
Prof. Hellmut Schwarz, Mannheim

Erarbeitet von
Uwe Tröger, Hannover

unter Mitarbeit von
Dr. Philip Devlin, Berlin;
Gareth Evans, Berlin

Illustration
Roland Beier, Berlin

Layoutkonzept
Korinna Wilkes

Technische Umsetzung
Stephan Hilleckenbach, Berlin;
Ina Hillmann

Umschlaggestaltung
Klein & Halm Grafikdesign, Berlin

www.cornelsen.de
www.EnglishG.de

Dieses Werk berücksichtigt die Regeln der reformierten
Rechtschreibung und Zeichensetzung.

1. Auflage, 7. Druck 2012

Alle Drucke dieser Auflage sind inhaltlich unverändert und
können im Unterricht nebeneinander verwendet werden.

© 2007 Cornelsen Verlag, Berlin
© 2012 Cornelsen Schulverlage GmbH, Berlin

Das Werk und seine Teile sind urheberrechtlich geschützt.
Jede Nutzung in anderen als den gesetzlich zugelassenen Fällen
bedarf der vorherigen schriftlichen Einwilligung des Verlages.
Hinweis zu den §§ 46, 52 a UrhG: Weder das Werk noch seine Teile
dürfen ohne eine solche Einwilligung eingescannt und in ein
Netzwerk eingestellt oder sonst öffentlich zugänglich gemacht
werden. Dies gilt auch für Intranets von Schulen und sonstigen
Bildungseinrichtungen.

Druck: H. Heenemann, Berlin

ISBN 978-3-06-031183-5

 Inhalt gedruckt auf säurefreiem Papier aus nachhaltiger Forstwirtschaft.